I LOVE TO SLEEP IN MY OWN BED
Я ЛЮБЛЮ СПАТЬ В СВОЕЙ КРОВАТКЕ

Shelley Admont
Illustrated by Sonal Goyal and Sumit Sakhuja

www.kidkiddos.com

Copyright©2013 by S. A. Publishing ©2017 by KidKiddos Books Ltd.

support@kidkiddos.com

Second edition

Translated from English by Olga Karabulut

Russian editing by Anastasia Bobylyova

Library and Archives Canada Cataloguing in Publication

I Love to Sleep in My Own Bed (Russian Bilingual Edition)/ Shelley Admont

ISBN: 978-1-5259-1391-4 paperback

ISBN: 978-1-77268-416-2 hardcover

ISBN: 978-1-77268-077-5 eBook

Please note that the Russian and English versions of the story have been written to be as close as possible. However, in some cases they differ in order to accommodate nuances and fluidity of each language.

KidKiddos Books

For those I love the most
Моим любимым

Jimmy, a little bunny, lived with his family in the forest. He lived in a beautiful house with his mom, dad, and two older brothers.

Зайчонок Джимми жил в лесу со своими мамой, папой и двумя старшими братьями. Они жили в маленькой избушке на окраине леса.

Jimmy didn't like to sleep in his own bed. One night, he brushed his teeth and before going to bed, he asked his mom, "Mom, can I sleep in your bed with you? I really don't like sleeping in my bed alone."

Джимми не любил спать в своей кроватке. Однажды вечером он пришёл к маме и зашептал ей на ушко:
– Мамочка, можно мне сегодня спать с тобой, в твоей кроватке? Мне так не нравится спать одному.

"Sweetie," said Mom, "everyone has his own bed, and your bed suits you just right."

– Моё солнышко, – ответила мама, – У каждого есть своя кроватка, и твоя кроватка подходит тебе больше всего.

"But, Mom, I don't like my bed at all," answered Jimmy. "I want to sleep in your bed."

– Но, мамочка, мне она совсем не нравится, – ответил Джимми. – Я хочу спать с тобой, в твоей кроватке.

"Let's do this," said Mom, "you get into your bed, and I'll hug you, tuck you in, and read you and your brothers a story. Then, I'll give you a kiss and sit with you until you fall asleep."

– Давай сделаем так, – сказала мама. – Ты ляжешь в свою кроватку, я тебя обниму, накрою одеялом и почитаю тебе и твоим братьям сказку. Потом я поцелую тебя и буду сидеть рядом, пока ты не уснёшь.

Mom hugged Jimmy and read a bedtime story to her three children. During the story, the children fell asleep.

Мама-зайчиха обняла Джимми и начала читать сказку. Слушая сказку, все три зайчонка крепко уснули.

Mom gave all of them a goodnight kiss and went to sleep in her bed in her room.

Мама поцеловала их всех и отправилась спать в свою спальню.

In the middle of the night, Jimmy woke up. He sat up in bed, looked around, and saw that Mom wasn't next to him.

Среди ночи Джимми проснулся. Он сел на своей кровати и увидел, что мамы нет рядом.

Then, he got out of bed, took his pillow and blanket, and sneaked quietly into Mom and Dad's room. He got into their bed, hugged Mom, and fell asleep.

Он слез с кроватки, взял свои одеяло и подушку и тихо, на цыпочках, прокрался в спальню к родителям. Джимми забрался к ним в кровать, обнял маму и уснул.

The next night, Jimmy woke up again. He took his pillow and blanket, and tried to leave the room like the night before.

Следующей ночью Джимми опять проснулся. Он взял одеяло и подушку и хотел, как и вчера, пробраться в спальню к маме, но не тут-то было.

But just then, his middle brother woke up.

Как раз в это время средний братишка тоже проснулся.

"Jimmy, where are you going?" he asked.

- Джимми, куда ты идёшь? - прошептал он.

"Ah, ahh..." Jimmy stuttered, "nowhere. Go back to sleep."

- Я...- замямлил Джимми. - Никуда. Спи!

He quickly ran to his mom and dad's room. He sneaked into their bed and pretended to sleep.

Джимми быстро побежал в мамину и папину спальню. Он прошмыгнул в их кровать и притворился спящим.

But his middle brother was wide awake. *wonder what's happening here*, he thought and decided to follow Jimmy.

Но его средний братишка уже полностью проснулся. «Интересно, что здесь происходит?» – подумал он и последовал вслед за Джимми.

When he discovered that Jimmy was sleeping in their mom and dad's bed, he was very upset.

Когда он увидел, что Джимми спит в кроватке мамы и папы, он очень возмутился.

So that's the way it is, is it? he thought. If Jimmy is allowed, then I want to also. With that, he got into their parents' bed as well!

– Ах, так?! Если Джимми можно, то и я хочу! – с этими словами он забрался в родительскую кровать.

Mom heard the strange noises, opened her eyes, and saw the two children in bed. She made room for them in the bed, by making do with a small corner of the bed for herself.

Мама, услышав странный шорох, открыла глаза и увидела двух зайчат, спящих возле неё. Она улыбнулась и подвинулась к самому краю кровати, чтобы деткам было удобней.

Again, they slept like that the whole night until the morning.

Так они и проспали вместе всю ночь, до самого утра.

On the third night, the same thing happened. Jimmy woke up, took his pillow and blanket, and went to his parents' room. His brother followed him again and got into their parents' bed together with his pillow and blanket.

На третью ночь всё повторилось снова. Джимми проснулся, взял одеяло и подушку и тихо перебрался в родительскую кровать. Его средний брат пошёл за ним, взяв свои подушку и одеяло, и тоже забрался к родителям в кровать.

But this time, the oldest brother also woke up.

Но в этот раз и старший брат тоже проснулся.

Something's not right here, he thought to himself and followed his two younger brothers to Mom and Dad's room.

«Что-то здесь не так.» - подумал он и последовал за братьями в спальню мамы и папы.

I also want to sleep in Mom and Dad's bed,
he thought and quietly jumped into the bed.

«Я тоже хочу спать с мамой и папой!» – решил он
и тихо-тихо пробрался в кровать.

Mom and Dad didn't rest, tossing and turning, they tried to find the most comfortable way to sleep.

Мама и папа так и не смогли уснуть. Они ворочались и пытались найти себе удобный уголок.

It wasn't easy for the little bunnies either. They turned over and over in the bed until it was almost morning.

Места на всех не хватало, и маленьким зайчатам тоже стало тесно. Они крутились в кровати до самого утра.

Then suddenly...Boom! ...Bang! ...the bed broke!

Вдруг... Бум!... Бах!... Кровать сломалась!

"What happened?" Jimmy shouted as he woke up right away.

– Что случилось? – испуганно пропищал Джимми, вылезая из-под одеяла.

"What are we going to do now?" said Mom sadly.

– Что же нам теперь делать? – печально спросила мама.

"We'll have to build a new bed," Dad announced. "After breakfast, we'll go to the forest and start working."

– Мы должны соорудить новую кровать, – заявил папа-заяц. – После завтрака мы пойдём в лес и начнём работать.

After breakfast, the whole family went to the forest to build a new bed.

После завтрака вся семья отправилась в лес, чтобы смастерить новую кровать.

After a whole day's work, they had made a big, strong bed out of wood. The only thing left to do was decorate it.

К концу дня они соорудили большую и прочную кровать из дерева. Осталось только украсить её.

"We've decided to paint our bed brown," said Mom, "and while we're painting our bed, you can repaint your beds whatever colors you like."

– Мы решили покрасить нашу кровать в коричневый цвет, – сказала мама. – А вы, дети, можете выбрать любой цвет и перекрасить ваши кроватки.

"I want blue," said the oldest brother with excitement and ran to paint his bed blue.

– Я люблю голубой цвет! — сказал старший брат и побежал красить свою кровать в голубой цвет.

"And I choose the color green," said the middle brother happily.

– А я выбираю зеленый! – радостно заявил средний братишка.

Jimmy took the color red and the color yellow. He mixed the red with the yellow and made his favorite color...orange!

Джимми взял красный и жёлтый цвета. Когда он смешал их, он получил свой любимый цвет...оранжевый!

He painted his bed orange and decorated it with red and yellow stars.

Он покрасил свою кроватку оранжевой краской, и украсил её красными и жёлтыми звёздочками.

After he finished, he ran to Mom and proudly shouted, "Mom, look at my beautiful bed! I love my bed so much. I want to sleep in it every night."

Когда Джимми закончил свою работу, он подбежал к маме и гордо сказал:
– Мама, посмотри, какая красивая у меня кроватка! Она мне очень нравится! Я хочу спать в ней каждую ночь!

Mom smiled and gave Jimmy a big hug.

Мама улыбнулась и обняла своего сынишку.

Goodnight, Jimmy!
Спокойной ночи, Джимми!

CPSIA information can be obtained
at www.ICGtesting.com
Printed in the USA
BVHW021218030621
608739BV00009B/1655

9 781525 913914